딩 딩 바 이 블   청 소 년   양 육   시 리 즈

양육 1년차 2

나는 누구야

|이대희 지음|
예즈덤성경교육원 편

엔크리스토

저자 이대희 목사

장로회신학대학교 신학대학원(M.Div)과 연세대학교 연합신학대학원(Th.M)을 졸업하고 에스라성경대학원대학교에서 성경학박사(D.Liit) 과정을 마쳤다. 예장총회교육자원부 연구원과 서울장신대 교수를 겸임교수를 역임했으며, 분당에 소재한 대안학교인 독수리 기독중고등학교에서 청소년에게 성경을 수년 동안 가르쳤다. 극동방송에서 〈알기 쉬운 성경공부〉〈기독교 이해〉〈크리스천 가이드〉〈전도왕백서〉〈습관칼럼〉 등 신앙양육 프로그램을 진행했다. 저자는 성경공부와 성경교육 전문사역자로 지난 25여 년 동안 성서사람·성서교회·성서한국·성서나라의 모토를 가지고 한국적 성경교육과 실천사역을 위한 집필과 세미나, 강의사역 등을 하고 있다. 현재 바이블미션 대표와 예즈덤성경교육원 원장, 꿈을주는교회 담임목사로 있다. 저서로는『30분 성경공부』시리즈,『아름다운 십대 성경공부』시리즈,『투데이 성경공부』시리즈,『틴꿈십대 성경공부』시리즈,『인성과 창의력을 중시하는 유대인의 탈무드식 자녀교육법』,『이야기대화식 성경연구』,『성품성경공부』시리즈,『맛있는 성경공부』,『맥잡는 기도』,『전도왕백서』,『자녀 축복 침상 기도문』,『누구나 쉽게 배우는 쉬운 기도』,『예즈덤 성경영재교육』,『크리스천이여 습관부터 바꿔라』등 200여 권의 저서가 있다.
e-mail: ckr9191@hanmail.net

딩딩바이블 청소년 양육 시리즈 **나는 누구야**
초판1쇄 발행일 | 2013년 10월 31일
초판3쇄 발행일 | 2017년 7월 21일

지은이 | 이대희
펴낸이 | 김학룡
펴낸곳 | 엔크리스토
마케팅 | 이동석, 유영진
관리부 | 신순영, 정재연, 박상진, 김정구

출판등록 | 2004년 12월 8일(제2004-116호)
주소 | 경기도 고양시 일산동구 장대길 74-10
이메일 | 9191@korea.com
공급처 | 기독교출판유통
전화(031) 906-9191 팩스0505-365-9191

ISBN 979-11-5594-001-3 04230

* 잘못된 책은 바꾸어 드립니다.
* 책값은 뒤표지에 있습니다.

* 이 교재의 사용방법·내용·교육·강의와 세미나에 대한 문의는 예즈덤성경교육원(02-403-0191, 010-2731-9078. http://cafe.naver.com/je66)으로 해주세요. 매주 월요일에 성경대학 지도자 훈련코스가 있습니다(개관반·책별반·주제반·성경영재교육반). 1년에 4학기(봄, 여름, 가을, 겨울)로 운영됩니다.

딩딩바이블 청소년 양육 시리즈를 펴내면서…

딩딩바이블은 그동안 10여 년 넘게 한국 교회 베스트 교재로 많은 사랑을 꾸준히 받아 온 〈아름다운 십대 성경공부〉 시리즈를 보완 발전시켜 새로운 모습으로 탄생된 청소년 양육 시리즈입니다. 지금 한국 교회는 다음 세대를 키우지 못하면 미래가 없습니다.

다음 세대를 효과적으로 키우는 데 딩딩바이블 청소년 양육 시리즈는 크게 기여할 것입니다. 그동안 교회 안에서만 이루어졌던 말씀 교육을 발전시켜 가정, 학교, 생활(주일, 주말, 주간, 방학)을 통합하여 전인적인 교육을 이루는 데 초점을 두었습니다. 세상을 이기기 위해서는 부분보다 통합적, 지식보다 지혜 중심의 양육이 필요합니다.

특히 청소년 시기는 인생과 신앙의 기초를 다져주는 아주 중요한 때입니다. 이때에 꼭 필요한 과정을 잘 양육하면 평생 승리하는 인생을 살 수 있습니다. 청소년들의 눈높이에 맞추어 흥미롭게, 간단하고 쉽게, 깊고 명료하게 삶의 실천을 염두에 두고 전체 내용을 구성했습니다. 5천 년 동안 성경교육으로 세계를 지배하고 있는 유대인의 성경 탈무드 교육보다 더 나은(마 5:20) 한국인에 맞는 복음적인 말씀양육 시리즈가 되길 기도합니다.

저자 이대희

•딩딩바이블 청소년 양육 시리즈 특징•

1. 말씀 중심이다 성경 구절을 찾는 인위적 공부방식에서 탈피하여 본문을 중심으로 성경 전체를 핵심구절로 연결하여 하나님의 본래 의도를 찾도록 구성되었습니다.

2. 흥미롭다 도입 부분을 십대들의 관심에 맞추어 흥미로운 만화와 삽화로 구성하여 시각적 효과를 높혔습니다. 그림과 질문은 닫힌 마음을 열게 하는 효과가 있습니다.

3. 쉽다 성경공부를 설명식(헬라식)으로 하면 점점 어려워집니다. 그러나 본문 속에서 질문식(히브리식)으로 하면 누구나 쉽게 답할 수 있습니다. 교사가 일방적으로 주입하는 가르침이 아닌 본문의 말씀이 말하는 것을 듣는 방식으로 구성되었기에 교사와 학생이 모두 쉽게 공부할 수 있습니다. 내가 말씀을 보는 것이 아니라 말씀이 나를 보게 해야 합니다.

4. 단순하다 6개의 질문(관찰: 4개, 해석: 1개, 적용: 1개)으로 누구나 즐겁게 성경공부에 참여할 수 있습니다. 30분 내외의 분반 시간에 끝낼 수 있도록 구성했습니다. 상황에 따라 꼬리질문을 확장할 수 있습니다.

5. 깊다 깊은 질문으로 말씀의 은혜를 경험할 수 있고 시간이 갈수록 말씀 속으로 빠져듭니다. 해석 질문은 영혼의 깨달음을 갖게 합니다(보통 십대 교재는 해석질문이 없습니다. 여기서 대화를 통한 깊은 나눔을 할 수 있습니다).

6. 균형있다 십대에 필요한 핵심 주제와 다양한 양육영역(성경·복음·정체성·신앙·생활·인성·공부·인물·습관)을 골고루 제시하여 균형잡힌 신앙성장을 갖도록 했습니다.

7. 명료하다 현실적으로 짧은 성경공부 시간에 여러 가지 내용을 다룰 수 없기에 한 가지 핵심적인 내용을 명료하게 다루어 분반 공부 효과를 극대화 하도록 했습니다.

8. 공부도 해결한다 성경공부를 통해 신앙과 더불어 학교공부(사고력·논리력·분석력·집중력·분별력·상상력)도 함께 키울 수 있도록 구성되었습니다.

9. 다양하다 주5일근무제에 맞추어 주일 분반공부, 토요주말학교, 가족밥상머리교육, 제자훈련 등 다양하게 사용할 수 있습니다.

10. 전인적이다 주일 하루만 하는 교육이 아니라 가정, 교회, 학교와 주일, 주말, 주간, 방학, 성인식을 통합하여 전 삶의 차원에서 적용할 수 있는 양육과정입니다.

•성경공부 진행 방법•

🙂 **마음열기** 시작하기 전에 그림과 만화를 통해 공부할 주제를 기대감과 흥미를 갖게 합니다.

😊 **말씀과 소통하기** 오늘 성경본문에 대한 네 가지 질문을 하면서 본문과 소통을 합니다.

●POINT● **포인트** 해당 본문의 핵심을 간단하게 정리해 줍니다.

😀 **말씀과 공감하기** 본문 말씀 내용 중에 생각해야 할 문제를 관계된 다른 성경구절(말씀Tip)을 통하여 깊은 깨달음을 얻도록 돕는 과정입니다.

🙂 **삶에 실행하기** 깨달은 말씀의 교훈을 개인의 삶에 적용합니다.

😎 **실천을 위한 Tip** 삶 속에서 실천할 수 있도록 구체적인 지침을 제공합니다.

|교회와 가정과 학교(주일·주말·주간·방학)를 통합한 1318 전인교육|

•딩딩바이블 청소년 양육 시리즈 전체 양육과정표•

중·고등부 6년 과정에 맞추어 4개 코스로 구성되었습니다. **양육 코스**는 3년, **심화 코스**는 3년, **성장 코스**는 자유롭게 사용하도록 구성했습니다.
이것은 주간에 자기 주도적으로 습관화 하는 과정입니다. **성숙 코스**는 방학에 사용하는 캠프용과 십대과정을 마무리하는 성인식이 있습니다.
'**복음 코스**'와 '**성경 코스**'는 교사와 학생이 공통으로 할 수 있는 특별과정입니다.

| 양육 코스 |

구분	코스		영역	1년차	2년차	3년차
주일	양육	1	복음	예수십대	복음뼈대	신앙원리
		2	정체성	나는 누구야	가치관이 뭐야	비전이 뭐야
		3	신앙	왜 믿니?	왜 사니?	왜 교회 나가니?
		4	생활	십대를 창조하라	유혹을 이겨라	세상을 리드하라

| 심화 코스 |

구분	코스		영역	1년차	2년차	3년차
주일 (주말)	심화	1	Q.A	신앙이 궁금해	교리가 궁금해	성경이 궁금해
		2	인성	인간관계 어떻게?	중독탈출 어떻게?	창의인성 어떻게?
		3	공부	공부법 정복하기	학교공부 뛰어넘기	인생공부 따라잡기
		4	인물	하나님人	예수人	성령人

| 성장 코스(자기주도 코스) |

구분	코스		영역	1년차	2년차	3년차
주일 (주말, 주간)	자기 주도	1	영성	말씀생활 읽기, 암송, 큐티	기도생활 기도, 대화	전도생활 증거, 모범
		2	습관	생활습관 음식, 수면, 운동	공부습관 공부, 시간, 플래닝	태도습관 태도, 성품

| 성숙 코스(마무리 코스) |

구분	코스		영역	1년차	2년차	3년차
방학	캠프	1	영재	신앙과 공부를 함께 해결하는 크리스천 영재 캠프 (3박4일)		
전체	성인식	2	전인	중등부·고등부 (성인식 통과의례 1, 2) - 예수사람 만들기		

• 복음 코스(교사와 학생 공통) •

구분	코스	영역	공통과정
모든 세대	복음	새신자	한눈에 보는 복음 이야기 (새신자 양육)
		불신자	세상에서 가장 기쁜 소식을 들어 보셨습니까? (대화식 전도지)

• 성경 코스(교사와 학생 공통) •

구분	코스	영역	공통과정
모든 세대	성경	구약	단숨에 꿰뚫는 구약성경관통
		신약	단숨에 꿰뚫는 신약성경관통

차례

세 가지 질문에 답하라

십대는 자신이 누구인가를 고민하는 시기입니다

정체성의 혼란으로 때로는 방황하기도 합니다

십대는 자기 정체성을 찾는 시기이기에

이런 고민의 과정은 아주 당연한 것입니다

내가 누구인가를 정확히 알아야

나의 비전과 인생의 진로가 열립니다

그리고 학교 생활도 즐겁게 할 수 있습니다

어려운 고난도 포기하지 않고 이길 수 있습니다

"나는 어디서 왔는가?

세상에서 무엇을 해야 하는가?

나는 어디로 가는가?"의 질문에 대한 대답을

십대의 시기에 할 수 있다면

그는 축복받은 사람입니다

이것에 대한 정답은

세상이 알려주지 못합니다

오직 예수 그리스도만이 답해 줄 수 있습니다

예수님을 만나면 인생의 방황은 끝이 납니다

그러나 아직 예수님을 만나지 못했다면

인생은 계속 방황하게 됩니다

"그런즉 누구든지 그리스도 안에 있으면 새로운 피조물이라
이전 것은 지나갔으니 보라 새 것이 되었도다"(고후 5:17)

나는 나다

 마음열기

만일 네가 산 위의 장송이 되지
못하거든 계곡의 잔목이 되어라.

개울가에 자라서 누구나 사랑하는
나무가 되어라. 만일 나무가 되지
못하거든 떨기나무가 되어라.

만일 떨기나무가 되지 못하거든
작은 풀이 되어라.
그래서 거리를 아름답게 하여라.

만일 네가 작은 풀이 되지 못하거든
억새풀이라도 되어라.
물가에서 자라는 제일 좋은 억새풀이…

우리 모두가 선장이 될
수는 없다.
선원이 되는 것도 좋다.

우리 모두에게는 할 일이 있다.
그리고 하지 않으면 안되는 것도
있다.

결국
다
할 일
이잖아.

만일 네가 큰 거리에서
피어나지 못한다면
작은 거리에서 피어나라.

만일 네가 태양이 되지 않으면
별이 되어라.

별 꼴이야!

실패와 성공은 커지는 것이 아니다.
무엇이든지 가장 좋은 것이 되어라.

카네기

가장 좋은 것이
되어라
-더글러스 마록-

1. 현재 나의 모습 중 마음에 드는 점과 안 드는 점이 있다면 무엇입니까?

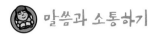

•요한복음 21:15-23을 읽으세요.

15 그들이 조반 먹은 후에 예수께서 시몬 베드로에게 이르시되 요한의 아들 시몬아 네가 이 사람들보다 나를 더 사랑하느냐 하시니 이르되 주님 그러하나이다 내가 주님을 사랑하는 줄 주님께서 아시나이다 이르시되 내 어린 양을 먹이라 하시고

16 또 두 번째 이르시되 요한의 아들 시몬아 네가 나를 사랑하느냐 하시니 이르되 주님 그러하나이다 내가 주님을 사랑하는 줄 주님께서 아시나이다 이르시되 내 양을 치라 하시고

17 세 번째 이르시되 요한의 아들 시몬아 네가 나를 사랑하느냐 하시니 주께서 세 번째 네가 나를 사랑하느냐 하시므로 베드로가 근심하여 이르되 주님 모든 것을 아시오매 내가 주님을 사랑하는 줄을 주님께서 아시나이다 예수께서 이르시되 내 양을 먹이라

18 내가 진실로 진실로 네게 이르노니 네가 젊어서는 스스로 띠 띠고 원하는 곳으로 다녔거니와 늙어서는 네 팔을 벌리리니 남이 네게 띠 띠우고 원하지 아니하는 곳으로 데려가리라

19 이 말씀을 하심은 베드로가 어떠한 죽음으로 하나님께 영광을 돌릴 것을 가리키심이러라 이 말씀을 하시고 베드로에게 이르시되 나를 따르라 하시니

20 베드로가 돌이켜 예수께서 사랑하시는 그 제자가 따르는 것을 보니 그는 만찬석에서 예수의 품에 의지하여 주님 주님을 파는 자가 누구오니이까 묻던 자더라

21 이에 베드로가 그를 보고 예수께 여짜오되 주님 이 사람은 어떻게 되겠사옵나이까

22 예수께서 이르시되 내가 올 때까지 그를 머물게 하고자 할지라도 네게 무슨 상관이냐 너는 나를 따르라 하시더라

23 이 말씀이 형제들에게 나가서 그 제자는 죽지 아니하겠다 하였으나 예수의 말씀은 그가 죽지 않겠다 하신 것이 아니라 내가 올 때까지 그를 머물게 하고자 할지라도 네게 무슨 상관이냐 하신 것이러라

1. 예수님이 부활 후에 나타나셔서 베드로에게 앞으로 할 일을 말씀해 주셨는데 그것이 무엇입니까? 반복되는 말을 중심으로 찾아보십시오.(15-17)

2. 예수님이 베드로의 미래에 일어날 일에 대해서 예언하신 내용은 무엇입니까?(18-19)

3. 베드로가 요한(예수께서 사랑하시는 그 제자)과 비교하면서 한 말은 무엇입니까?(20-21)

4. 베드로의 잘못된 생각을 지적하신 예수님이 어떤 뜻으로 말씀하셨는지 정리해 보십시오.(22-23)

•POINT•

하나님은 우리를 하나님의 형상을 닮은 유일한 존재로 창조하셨습니다. 나의 개성과 가치를 발견한다면 나는 누구보다 소중하고 위대합니다.

 말씀과 공감하기

1. 다른 사람과 비교하며 자기를 자꾸 포장하려는 것은 모조 십대를 만드는 것입니다. 있는 그대로의 자신을 받아들이고 자기의 일을 찾는 것이 중요합니다. 왜 사람들은 자꾸 다른 사람과 비교하게 됩니까?

 말씀 Tip

"내게 주신 은혜로 말미암아 너희 각 사람에게 말하노니 마땅히 생각할 그 이상의 생각을 품지 말고 오직 하나님께서 각 사람에게 나누어 주신 믿음의 분량대로 지혜롭게 생각하라"(롬 12:3)

"우리에게 주신 은혜대로 받은 은사가 각각 다르니 혹 예언이면 믿음의 분수대로, 혹 섬기는 일이면 섬기는 일로, 혹 가르치는 자면 가르치는 일로, 혹 위로하는 자면 위로하는 일로, 구제하는 자는 성실함으로, 다스리는 자는 부지런함으로, 긍휼을 베푸는 자는 즐거움으로 할 것이니라"(롬 12:6-8)

 삶에 실행하기

1. 비교의식은 나의 삶을 더욱 힘들게 합니다. 나는 나입니다. 있는 그대로의 나를 받아들이는 것이 필요합니다. 나의 개성과 강점과 약점을 찾아보십시오.

실천을 위한 Tip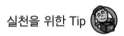

오늘 내가 할 일은?

1) 내가 가장 우선으로 해야 할 일은 무엇입니까?

2) 현재 하나님이 나에게 주신 사명은 무엇입니까?

3) 내가 더욱 노력해야 하는 것은 무엇입니까?

4) 내가 감사해야 할 일은 무엇입니까?

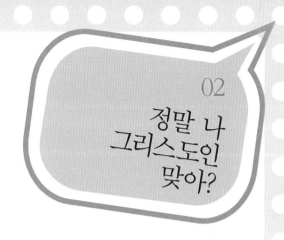

02

정말 나
그리스도인
맞아?

 마음열기

1. 다음 그림을 보고 현재 나에게 해당되는 사항은 어떤 것인지 말해 보십
   시오.

• 에베소서 2:1-10을 읽으십시오.

1 그는 허물과 죄로 죽었던 너희를 살리셨도다
2 그때에 너희는 그 가운데서 행하여 이 세상 풍조를 따르고 공중의 권세 잡은 자를 따랐으니 곧 지금 불순종의 아들들 가운데서 역사하는 영이라
3 전에는 우리도 다 그 가운데서 우리 육체의 욕심을 따라 지내며 육체와 마음의 원하는 것을 하여 다른 이들과 같이 본질상 진노의 자녀이었더니
4 긍휼이 풍성하신 하나님이 우리를 사랑하신 그 큰 사랑을 인하여
5 허물로 죽은 우리를 그리스도와 함께 살리셨고(너희는 은혜로 구원을 받은 것이라)
6 또 함께 일으키사 그리스도 예수 안에서 함께 하늘에 앉히시니
7 이는 그리스도 예수 안에서 우리에게 자비하심으로써 그 은혜의 지극히 풍성함을 오는 여러 세대에 나타내려 하심이라
8 너희는 그 은혜에 의하여 믿음으로 말미암아 구원을 받았으니 이것은 너희에게서 난 것이 아니요 하나님의 선물이라
9 행위에서 난 것이 아니니 이는 누구든지 자랑하지 못하게 함이라
10 우리는 그가 만드신 바라 그리스도 예수 안에서 선한 일을 위하여 지으심을 받은 자니 이 일은 하나님이 전에 예비하사 우리로 그 가운데서 행하게 하려 하심이니라

1. 예수 믿기 이전의 인간의 모습은 어떠했습니까?(1-3)

2. 우리가 예수님을 믿으면 어떤 복들이 주어집니까?(4-7)

3. 하나님은 예수를 믿는 사람은 누구든지 구원해 주십니다. 하나님이 베푸시는 구원의 특징은 무엇입니까?(8-9)

4. 우리는 예수 안에서 지음을 받은 사람입니다. 우리를 구원하신 목적은 무엇입니까?(10)

•POINT•

그리스도인이란 그리스도에게 속해 있는 사람을 말합니다. 한 번 그리스도에게 속하면 영원합니다. 어떤 경우에라도 구원은 취소되거나 변경되지 않습니다.

말씀과 공감하기

1. 우리가 그리스도인이 됨(구원받음으로)으로 얻는 유익은 무엇입니까? 아울러 이미 그리스도인이 되었으면서도 그리스도인이라는 사실에 감사하며 자랑스럽게 생각하지 못하는 이유는 무엇입니까?

 말씀 Tip

"볼지어다 내가 세상 끝날까지 너희와 항상 함께 있으리라 하시니라"(마 28:20)

"너희도 성령 안에서 하나님이 거하실 처소가 되기 위하여 그리스도 예수 안에서 함께 지어져 가느니라"(엡 2:22)

"너희는 믿음 안에 있는가 너희 자신을 시험하고 너희 자신을 확증하라 예수 그리스도께서 너희 안에 계신 줄을 너희가 스스로 알지 못하느냐 그렇지 않으면 너희는 버림 받은 자니라"(고후 13:5)

삶에 실행하기

1. 나는 십대에 그리스도인이 된 것에 대해 얼마나 감사하며 친구들에게 자랑하며 살고 있는지 나의 생활을 이야기해 보십시오. 그것이 잘 안 된다면 그 이유는 무엇입니까?

실천을 위한 Tip

구원받았기에 나에게 주신
복들을 열거하면서 감사하세요.

1) _____

2) _____

3) _____

나는 혼자가 아니야

 마음열기

Q. 왜 육신으로 살면 안 됩니까?

Q. 육신을 가진 우리가 사는 방법은 무엇입니까?

Q. 그리스도인 속에는 누가 계십니까?

Q. 성령이란? 악령은?

Q. 그리스도인은?

Q. 내가 하나님의 자녀인 것을 어떻게 압니까?

1. 사람들에게 나에 대해 소개한다면 어떻게 말하겠습니까?

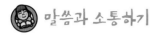 말씀과 소통하기

•로마서 8:12-17을 읽으세요.

12 그러므로 형제들아 우리가 빚진 자로되 육신에게 져서 육신대로 살
   것이 아니니라
13 너희가 육신대로 살면 반드시 죽을 것이로되 영으로써 몸의 행실을
   죽이면 살리니
14 무릇 하나님의 영으로 인도함을 받는 사람은 곧 하나님의 아들이라
15 너희는 다시 무서워하는 종의 영을 받지 아니하고 양자의 영을 받았
   으므로 우리가 아빠 아버지라고 부르짖느니라
16 성령이 친히 우리의 영과 더불어 우리가 하나님의 자녀인 것을 증언
   하시나니
17 자녀이면 또한 상속자 곧 하나님의 상속자요 그리스도와 함께 한 상
   속자니 우리가 그와 함께 영광을 받기 위하여 고난도 함께 받아야
   할 것이니라

1. 예수를 믿는 사람들은 더 이상 육신적인 존재가 아닙니다. 그러므로 우리
   는 어떻게 살아야 합니까?(12-13)

2. 하나님의 자녀인 그리스도인은 어떤 사람들입니까?(14)

3. 그리스도인은 곧 성령을 받은 사람입니다. 우리가 받은 하나님의 영(성령)
   은 어떤 영입니까?(15-16)

4. 우리는 하나님의 자녀요 하나님의 상속자입니다. 그리스도인은 혼자가 아
   닌 주님과 함께 영원히 사는 사람입니다. 그렇다면 이제부터 그리스도인
   들의 삶은 어떠해야 합니까?(17)

•POINT•

하나님은 혼자 일하시지 않습니다. 언제나 우리를 동역자로 삼으시고 우리를 통해서
일하십니다. 하나님은 인간을 하나님의 대리자로 삼으셨습니다. 하나님의 사람은 하
나님의 거룩함을 평생 닮는 사람이 되어야 합니다.

 말씀과 공감하기

1. 그리스도인은 혼자가 아니라 주님과 함께하는 성령의 사람입니다. 그렇다
   면 세상에서 우리들은 어떻게 살아야 합니까?

 삶에 실행하기

1. 누구든지 그리스도를 주로 시인하면 성령님이 들어오십니다. 우리가 인정하든 인정하지 않든 이것은 사실입니다. 오늘부터 내가 달라져야 할 모습들이 있다면 무엇입니까?

- 친구들에게
- 가정에서
- 학교에서
- 인생에서

실천을 위한 Tip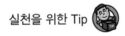

내 안에 계신 성령님의 음성을 말씀을 통해 들으세요

"(　　　)하고 (　　　)하라 두려워하지 말며 (　　　) 말라 네가 어디로 가든지 네 하나님 여호와가 너와 (　　　) 하느니라"(수 1:9)

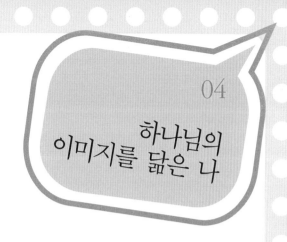

04

하나님의
이미지를 닮은 나

 마음열기

1. 다음 질문에 답해 보세요.

- 내가 가장 좋아하는 나의 모습 한 가지를 든다면 무엇입니까?

- 나는 거울을 보면서 무슨 생각을 합니까?

- 거울에 비치는 나에 대해서 어떻게 느낍니까?

- 나의 모습에 대해서 얼마나 만족합니까?

- 눈에 보이지 않는 숨어 있는 나의 모습을 볼 수 있습니까?

- 나는 누구를 가장 닮았다고 생각합니까?

말씀과 소통하기

•창세기 1:24-28을 읽으세요.

24 하나님이 이르시되 땅은 생물을 그 종류대로 내되 가축과 기는 것
   과 땅의 짐승을 종류대로 내라 하시니 그대로 되니라
25 하나님이 땅의 짐승을 그 종류대로, 가축을 그 종류대로, 땅에 기는
   모든 것을 그 종류대로 만드시니 하나님이 보시기에 좋았더라
26 하나님이 이르시되 우리의 형상을 따라 우리의 모양대로 우리가 사
   람을 만들고 그들로 바다의 물고기와 하늘의 새와 가축과 온 땅과
   땅에 기는 모든 것을 다스리게 하자 하시고
27 하나님이 자기 형상 곧 하나님의 형상대로 사람을 창조하시되 남자
   와 여자를 창조하시고
28 하나님이 그들에게 복을 주시며 하나님이 그들에게 이르시되 생육
   하고 번성하여 땅에 충만하라, 땅을 정복하라, 바다의 물고기와 하
   늘의 새와 땅에 움직이는 모든 생물을 다스리라 하시니라

1. 하나님은 생물과 짐승들을 어떻게 만드셨습니까?(24-25)

2. 하나님은 인간을 어떤 모양으로 만드셨습니까?(26-27)

3. 하나님의 형상을 닮은 인간에게 맡겨진 사명은 무엇입니까?(26)

4. 인간은 구체적으로 세상에 대해서 어떤 책임감을 갖고 살아야 합니까?
   (28)

•POINT•

하나님의 형상을 닮은 인간은 하나님의 특징을 갖고 있으며 또한 하나님이 하실 일
을 인간이 대신하는 의미가 있습니다. 인간은 세상을 하나님의 관점으로 바라보고
잘 관리해야 합니다.

말씀과 공감하기

1. 내가 꿈꾸어야 하는 나의 이미지는 하나님의 형상입니다. 왜 인간에게는
   이런 이미지가 파괴되었습니까? 이것을 회복하기 위하여 우리가 해야 할
   일은 무엇입니까?

말씀 Tip

"옛 생활을 청산하고, 정욕에 말려들어 썩어져 가는 낡은 인간성을 벗어
버리고, 마음과 생각이 새롭게 되어 하느님의 형상대로 창조된 새 사람으
로 갈아입어야 합니다. 새 사람은 올바르고 거룩한 진리의 생활을 하는 사
람입니다."(엡 4:22-24, 공동번역)

"그는 보이지 아니하는 하나님의 형상이시요 모든 피조물보다 먼저 나신
이시니"(골 1:15)

삶에 실행하기

1. 성경은 하나님이 거룩하시니 우리도 거룩하라고 말합니다. 현재 내가 다
   시 찾아야 할 잃어버린 하나님의 거룩한 속성이 무엇입니까?

실천을 위한 Tip

인간이 하나님께 받은 문화명령 다섯 가지

　　　1) 생육하라

　　　2) 번성하라

　　　3) 충만하라

　　　4) 정복하라

　　　5) 다스려라

　　　* 이번 주간에 꼭 실천하고픈 명령은 무엇입니까?

05

꿈꾸는 십대

 **마음열기**

야곱이 가나안 땅에 거주할 때

요셉은 17세, 양치기였는데

요셉은 형들의 잘못을 아버지에게 고자질~

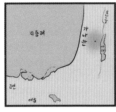

1. 내가 요셉과 같은 상황이라면 어떻게 했을지 말해 보십시오.

 말씀과 소통하기

• 창세기 37:1-11을 읽으세요.

1 야곱이 가나안 땅 곧 그의 아버지가 거류하던 땅에 거주하였으니
2 야곱의 족보는 이러하니라 요셉이 십칠 세의 소년으로서 그의 형들
  과 함께 양을 칠 때에 그의 아버지의 아내들 빌하와 실바의 아들들
  과 더불어 함께 있었더니 그가 그들의 잘못을 아버지에게 말하더라
3 요셉은 노년에 얻은 아들이므로 이스라엘이 여러 아들들보다 그를
  더 사랑하므로 그를 위하여 채색옷을 지었더니
4 그의 형들이 아버지가 형들보다 그를 더 사랑함을 보고 그를 미워하
  여 그에게 편안하게 말할 수 없었더라
5 요셉이 꿈을 꾸고 자기 형들에게 말하매 그들이 그를 더욱 미워하였더라
6 요셉이 그들에게 이르되 청하건대 내가 꾼 꿈을 들으시오
7 우리가 밭에서 곡식 단을 묶더니 내 단은 일어서고 당신들의 단은
  내 단을 둘러서서 절하더이다
8 그의 형들이 그에게 이르되 네가 참으로 우리의 왕이 되겠느냐 참으
  로 우리를 다스리게 되겠느냐 하고 그의 꿈과 그의 말로 말미암아
  그를 더욱 미워하더니
9 요셉이 다시 꿈을 꾸고 그의 형들에게 말하여 이르되 내가 또 꿈을
  꾼즉 해와 달과 열한 별이 내게 절하더이다 하니라
10 그가 그의 꿈을 아버지와 형들에게 말하매 아버지가 그를 꾸짖고
   그에게 이르되 네가 꾼 꿈이 무엇이냐 나와 네 어머니와 네 형들이
   참으로 가서 땅에 엎드려 네게 절하겠느냐
11 그의 형들은 시기하되 그의 아버지는 그 말을 간직해 두었더라

1. 요셉이 거한 장소는 어디며, 당시 나이는 몇 살입니까?(2)

2. 요셉은 이복형들과의 사이에서 어떤 어려움이 있었습니까?(3)

3. 외롭고 힘든 상황에서 요셉은 어떤 꿈을 꾸었는데 그 내용은 무엇입니까?
   (5-9)

 - 첫 번째 꿈:

 - 두 번째 꿈:

4. 요셉은 자신의 꿈을 자신있게 형들과 아버지에게 말했는데 그것으로 그
   는 어떤 어려움을 당했습니까?(8, 10-11)

•POINT•

그리스도인이 꾸어야 할 꿈은 인간이 생각한 것이 아닌 하나님이 보여주신 꿈과 비
전이어야 합니다. 내가 꿈을 꾸면 내 꿈으로 살지만 하나님이 꿈을 주시면 하나님이
나를 인도하십니다.

말씀과 공감하기

1. 십대인 요셉은 열 명의 이복형들 틈 속에서 많은 수모와 고난을 당했습니다. 그러나 하나님의 꿈을 받고 난 다음에 꿈을 말하는 요셉의 행동은 아주 당당했습니다. 그렇게 한 이유는 무엇입니까?

말씀 Tip

"내가 너와 함께 있어 네가 어디로 가든지 너를 지키며 너를 이끌어 이 땅으로 돌아오게 할지라 내가 네게 허락한 것을 다 이루기까지 너를 떠나지 아니하리라 하신지라"(창 28:15)

"내가 네게 명령한 것이 아니냐 강하고 담대하라 두려워하지 말며 놀라지 말라 네가 어디로 가든지 네 하나님 여호와가 너와 함께 하느니라 하시니라"(수 1:9)

33

 삶에 실행하기

1. 나에게 주신 하나님의 비전은 무엇입니까? 아직 발견하지 못했다면 어떻게 해야 비전을 받을 수 있을지 말해 보십시오.

실천을 위한 Tip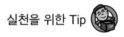

비전을 받으면 하루가 이렇게 달라집니다
(해당되는 부분에 O표를 해보세요)

- 인생의 목적과 꿈이 생기는 에너지가 넘칩니다 (　　)

- 하나님이 함께하신다는 믿음이 생깁니다 (　　)

- 하루가 소중하고 즐겁습니다 (　　)

- 고난이 와도 잘 이길 수 있습니다 (　　)

- 어디서나 하나님 자녀의 자존감으로 당당하게 살아갑니다 (　　)

- 맡겨진 일에 최선을 다하고 어디서나 성실합니다 (　　)

06

고난의 터널을 통과하라

 마음열기

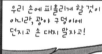

1. 꿈을 이루기 위해서 왜 고난이 필요합니까?

 말씀과 소통하기

• 창세기 37:18-28을 읽으세요.

18 요셉이 그들에게 가까이 오기 전에 그들이 요셉을 멀리서 보고 죽이기를 꾀하여

19 서로 이르되 꿈꾸는 자가 오는도다

20 자, 그를 죽여 한 구덩이에 던지고 우리가 말하기를 악한 짐승이 그를 잡아먹었다 하자 그의 꿈이 어떻게 되는지를 우리가 볼 것이니라 하는지라

21 르우벤이 듣고 요셉을 그들의 손에서 구원하려 하여 이르되 우리가 그의 생명은 해치지 말자

22 르우벤이 또 그들에게 이르되 피를 흘리지 말라 그를 광야 그 구덩이에 던지고 손을 그에게 대지 말라 하니 이는 그가 요셉을 그들의 손에서 구출하여 그의 아버지에게로 돌려보내려 함이었더라

23 요셉이 형들에게 이르매 그의 형들이 요셉의 옷 곧 그가 입은 채색옷을 벗기고

24 그를 잡아 구덩이에 던지니 그 구덩이는 빈 것이라 그 속에 물이 없었더라

25 그들이 앉아 음식을 먹다가 눈을 들어 본즉 한 무리의 이스마엘 사람들이 길르앗에서 오는데 그 낙타들에 향품과 유향과 몰약을 싣고 애굽으로 내려가는지라

26 유다가 자기 형제에게 이르되 우리가 우리 동생을 죽이고 그의 피를 덮어둔들 무엇이 유익할까

27 자 그를 이스마엘 사람들에게 팔고 그에게 우리 손을 대지 말자 그는

우리의 동생이요 우리의 혈육이니라 하매 그의 형들이 청종하였더라
28 그 때에 미디안 사람 상인들이 지나가고 있는지라 형들이 요셉을 구
덩이에서 끌어올리고 은 이십에 그를 이스마엘 사람들에게 팔매 그
상인들이 요셉을 데리고 애굽으로 갔더라

1. 형들은 꿈꾸는 사람 요셉이 가까이 오기 전에 멀리서 무슨 생각을 했습
   니까?(18)

2. 빈들에서 요셉이 자기들에게 오자 형들은 요셉을 어떻게 했습니까?(19-24)

3. 고난에 빠진 요셉을 구원하시는 하나님의 놀라운 구원의 손길은 무엇입
   니까?(25)

4. 애굽으로 내려가는 상인들을 보자 유다가 형들에게 갑자기 무엇을 제안
   했습니까? 요셉은 어떻게 구원함을 받았습니까?(26-28)

•POINT•

하나님의 꿈을 받은 사람은 하나님이 지켜줍니다. 인간이 아무리 멸망시키려고 해도
꿈을 가진 자는 결코 망하지 않습니다. 내가 나를 지키는 것이 아니라 꿈이 나를 지
킵니다.

말씀과 공감하기

1. 요셉은 꿈 때문에 계속 어려움을 당했습니다. 특히 하나님의 꿈을 꾼 사
   람에게 왜 어려움이 닥치는지 이야기해 보십시오.

 삶에 실행하기

1. 하나님의 꿈을 꾼 사람은 하나님이 지켜줍니다. 꿈을 이루기까지는 결코 망하지 않습니다. 내가 인생을 살아가면서 가져야 할 꿈을 이루기 위한 믿음은 무엇입니까?

실천을 위한 Tip

내가 꿈을 이루기 위해 준비하고
훈련해야 할 이수과목은 무엇입니까?

- 성품 : (   )
- 언어 : (   )
- 말씀 : (   )
- 인격 : (   )

07

나의 자존감
지수는?

 마음열기

1. 어느 때 나의 가치와 자존감이 한없이 떨어지는지 이야기해 보십시오.

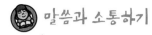 말씀과 소통하기

• 출애굽기 4:10-17을 읽으세요.

10 모세가 여호와께 아뢰되 오 주여 나는 본래 말을 잘 하지 못하는 자
   니이다 주께서 주의 종에게 명령하신 후에도 역시 그러하니 나는 입
   이 뻣뻣하고 혀가 둔한 자니이다
11 여호와께서 그에게 이르시되 누가 사람의 입을 지었느냐 누가 말 못
   하는 자나 못 듣는 자나 눈 밝은 자나 맹인이 되게 하였느냐 나 여호
   와가 아니냐
12 이제 가라 내가 네 입과 함께 있어서 할 말을 가르치리라
13 모세가 이르되 오 주여 보낼 만한 자를 보내소서
14 여호와께서 모세를 향하여 노하여 이르시되 레위 사람 네 형 아론
   이 있지 아니하냐 그가 말 잘 하는 것을 내가 아노라 그가 너를 만
   나러 나오나니 그가 너를 볼 때에 그의 마음에 기쁨이 있을 것이라
15 너는 그에게 말하고 그의 입에 할 말을 주라 내가 네 입과 그의 입에
   함께 있어서 너희들이 행할 일을 가르치리라
16 그가 너를 대신하여 백성에게 말할 것이니 그는 네 입을 대신할 것
   이요 너는 그에게 하나님같이 되리라
17 너는 이 지팡이를 손에 잡고 이것으로 이적을 행할지니라

1. 모세는 자기 자신에 대해서 어떻게 평가하고 있습니까?(10)

2. 하나님은 모세를 어떻게 설득하십니까?(11-12)

3. 모세는 자기가 힘이 없어서 도저히 하나님의 명령에 순종할 수 없다면서
   거절합니다. 그러자 하나님은 노하시면서 어떤 대안을 제시하십니까?
   (13-15)

4. 모세가 할 일은 무엇입니까? 하나님은 모세에게 형 아론보다 더 높은 지
   위를 주시는데 그 모습을 말해 보십시오.(16-17)

•POINT•

그리스도인은 하나님의 자녀입니다. 하나님의 상속자입니다. 죽어도 영원히 사는 복
을 받은 사람입니다. 우리는 이 세상 어느 누구보다 위대한 존재입니다.
하나님이 우리를 세상에 보낼 때는 왕의 자녀로 보냅니다. 그러므로 우리는 거룩한
자존감을 갖고 어디서든지 당당하게 살아야 합니다. 비록 세상에서 가진 게 없을 지
라도 나는 모든 것을 가진 자임을 기억해야 합니다.

말씀과 공감하기

1. 하나님의 설득에도 불구하고 계속 거부하면서 스스로를 낮게 평가하는 모세의 문제점은 무엇입니까? 반면에 모세의 작은 지팡이를 가지고 모세를 높게 사용하시는 하나님의 생각은 무엇이라고 봅니까?

말씀 Tip

"그러나 너희는 택하신 족속이요 왕 같은 제사장들이요 거룩한 나라요 그의 소유가 된 백성이니 이는 너희를 어두운 데서 불러 내어 그의 기이한 빛에 들어가게 하신 이의 아름다운 덕을 선포하게 하려 하심이라"(벧전 2:9)

"이와 같이 성령도 우리의 연약함을 도우시나니 우리는 마땅히 기도할 바를 알지 못하나 오직 성령이 말할 수 없는 탄식으로 우리를 위하여 친히 간구하시느니라 마음을 살피시는 이가 성령의 생각을 아시나니 이는 성령이 하나님의 뜻대로 성도를 위하여 간구하심이니라 우리가 알거니와 하나님을 사랑하는 자 곧 그의 뜻대로 부르심을 입은 자들에게는 모든 것이 합력하여 선을 이루느니라"(롬 8:26-28)

삶에 실행하기

1. 하나님은 나를 귀하게 여기십니다. 하나님이 보실 때 나의 귀중한 모습은 무엇이라고 생각합니까? 나의 모습 중에서 내가 나를 사랑하지 못한 부분이 있다면 찾아보십시오.

실천을 위한 Tip

 현재 나의 자존감 지수는 얼마?

(나의 자존감은 하나님이 보시는 나의 가치입니다)

1) 나의 외적인 가치 (1 2 3 4 5 6 7 8 9 10)

2) 나의 내적인 가치 (1 2 3 4 5 6 7 8 9 10)

3) 나의 영적인 가치 (1 2 3 4 5 6 7 8 9 10)

4) 나의 개성의 가치 (1 2 3 4 5 6 7 8 9 10)

5) 나에게 있는 어려운 환경의 가치 (1 2 3 4 5 6 7 8 9 10)

메뚜기
콤플렉스

마음열기

1. 위 이 이야기를 읽고 무엇을 느꼈습니까?

•민수기 13:25-14:4을 읽으세요.

25 사십 일 동안 땅을 정탐하기를 마치고 돌아와

26 바란 광야 가데스에 이르러 모세와 아론과 이스라엘 자손의 온 회
중에게 나아와 그들에게 보고하고 그 땅의 과일을 보이고

27 모세에게 말하여 이르되 당신이 우리를 보낸 땅에 간즉 과연 그 땅
에 젖과 꿀이 흐르는데 이것은 그 땅의 과일이니이다

28 그러나 그 땅 거주민은 강하고 성읍은 견고하고 심히 클 뿐 아니라
거기서 아낙 자손을 보았으며

29 아말렉인은 남방 땅에 거주하고 헷인과 여부스인과 아모리인은 산
지에 거주하고 가나안인은 해변과 요단 가에 거주하더이다

30 갈렙이 모세 앞에서 백성을 조용하게 하고 이르되 우리가 곧 올라
가서 그 땅을 취하자 능히 이기리라 하나

31 그와 함께 올라갔던 사람들은 이르되 우리는 능히 올라가서 그 백
성을 치지 못하리라 그들은 우리보다 강하니라 하고

32 이스라엘 자손 앞에서 그 정탐한 땅을 악평하여 이르되 우리가 두
루 다니며 정탐한 땅은 그 거주민을 삼키는 땅이요 거기서 본 모든
백성은 신장이 장대한 자들이며

33 거기서 네피림 후손인 아낙 자손의 거인들을 보았나니 우리는 스스
로 보기에도 메뚜기 같으니 그들이 보기에도 그와 같았을 것이니라

…

1 온 회중이 소리를 높여 부르짖으며 백성이 밤새도록 통곡하였더라

2 이스라엘 자손이 다 모세와 아론을 원망하며 온 회중이 그들에게 이르
되 우리가 애굽 땅에서 죽었거나 이 광야에서 죽었으면 좋았을 것을

3 어찌하여 여호와가 우리를 그 땅으로 인도하여 칼에 쓰러지게 하려
하는가 우리 처자가 사로잡히리니 애굽으로 돌아가는 것이 낫지 아
니하랴

4 이에 서로 말하되 우리가 한 지휘관을 세우고 애굽으로 돌아가자 하매

1. 가나안 땅을 40일 동안 정탐하고 돌아온 열두 명의 보고 내용은 무엇입니까?(25-29)

2. 인간이 보기에는 어려운 상황이지만 갈렙은 백성에게 무엇이라고 말합니까?(30)

3. 그러나 다른 열 명의 정탐꾼들은 갈렙과 다른 의견을 냈습니다. 그 내용은 무엇입니까?(31-33)

4. 이스라엘 백성은 어떤 반응을 보였습니까?(14:1-4)

•POINT•

행동은 마음에서 나오는 것입니다. 마음이 바르지 못하면 생각과 행동도 잘못됩니다. 불신의 마음으로 보면 누구도 믿을 수 없습니다.

말씀과 공감하기

1. 이스라엘 백성은 두 가지 의견을 듣고 결국은 열 명의 정탐꾼 말에 동조
   했습니다. 열 정탐꾼과 백성에게 있는 편견과 고정관념의 문제점은 무엇입
   니까? 반면에 갈렙은 같은 사건을 대하면서도 어떻게 긍정적으로 말할 수
   있었습니까?

말씀 Tip

"육신을 따르는 자는 육신의 일을, 영을 따르는 자는 영의 일을 생각하나
니 육신의 생각은 사망이요 영의 생각은 생명과 평안이니라"(롬 8:5-6)

"사람에게서 나오는 그것이 사람을 더럽게 하느니라 속에서 곧 사람의 마
음에서 나오는 것은 악한 생각 곧 음란과 도둑질과 살인과 간음과 탐욕과
악독과 속임과 음탕과 질투와 비방과 교만과 우매함이니 이 모든 악한 것
이 다 속에서 나와서 사람을 더럽게 하느니라"(막 7:20-23)

삶에 실행하기

1. 잘못된 고정 관념은 우리를 절망에 빠지게 합니다. 한번 잘못된 생각은 평생을 어렵게 합니다. 나에게 잘못된 고정관념은 없는지 살펴보세요. (지금 어려워하는 부분을 중심으로 찾아보십시오.)

실천을 위한 Tip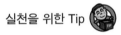

잘못된 고정관념 탈피하기

- 외모로만 보지 말고 중심을 보자.

- 당장 결론을 내기보다는 판단을 기다리자.

- 나의 시야와 마음을 크게 넓히자.

- 나타난 경험을 넘어 변하지 않는 본질을 보는 훈련을 평소에 하자.

- 예수님의 생각과 관점으로 세상을 바라보자.

09

하나님이 보시는 나

 마음열기

부모님이 볼 때

형제들이 볼 때

친구들이 볼 때

이웃이 볼 때

1, 내가 나를 평가한다면 몇 점을 줄 수 있습니까? 나에 대해 가장 불만스러운 점이 있다면 무엇입니까?

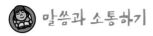

• 시편 139:1-16(개역한글)을 읽으세요.

1 여호와여 주께서 나를 감찰하시고 아셨나이다
2 주께서 나의 앉고 일어섬을 아시며 멀리서도 나의 생각을 통촉하시오며
3 나의 길과 눕는 것을 감찰하시며 나의 모든 행위를 익히 아시오니
4 여호와여 내 혀의 말을 알지 못하시는 것이 하나도 없으시니이다
5 주께서 나의 전후를 두르시며 내게 안수하셨나이다
6 이 지식이 내게 너무 기이하니 높아서 내가 능히 미치지 못하나이다
7 내가 주의 신을 떠나 어디로 가며 주의 앞에서 어디로 피하리이까
8 내가 하늘에 올라갈지라도 거기 계시며 음부에 내 자리를 펼지라도 거기 계시니이다
9 내가 새벽 날개를 치며 바다 끝에 가서 거할지라도
10 곧 거기서도 주의 손이 나를 인도하시며 주의 오른손이 나를 붙드시리이다
11 내가 혹시 말하기를 흑암이 정녕 나를 덮고 나를 두른 빛은 밤이 되리라 할지라도
12 주에게서는 흑암이 숨기지 못하며 밤이 낮과 같이 비취나니 주에게는 흑암과 빛이 일반이니이다
13 주께서 내 장부를 지으시며 나의 모태에서 나를 조직하셨나이다
14 내가 주께 감사하옴은 나를 지으심이 신묘막측하심이라 주의 행사가 기이함을 내 영혼이 잘 아나이다
15 내가 은밀한데서 지음을 받고 땅의 깊은 곳에서 기이하게 지음을 받은 때에 나의 형체가 주의 앞에 숨기우지 못하였나이다
16 내 형질이 이루기 전에 주의 눈이 보셨으며 나를 위하여 정한 날이 하나도 되기 전에 주의 책에 다 기록이 되었나이다

1. 하나님은 인간에 대해서 어떻게 알고 계시는지 말해 보십시오.(1-5)

2. 하나님은 사람을 어떻게 인도하고 보호하십니까?(6-10)

3. 우리에게는 어두움이 있지만 하나님에게는 어두움이 없습니다. 그 내용을
   말해 보십시오.(11-12)

4. 하나님은 인간을 어떻게 만드셨는지 그 내용을 정리해 보십시오.(13-16)

•POINT•

이 세상에 인간처럼 위대한 작품은 없습니다. 이 세상에 나와 똑같은 사람은 하나도 없습니다. 세상에서 가장 가치 있는 존재가 나입니다. 그런 나를 위해 주님은 자신을 아낌없이 주셨습니다.

말씀과 공감하기

1. 하나님은 내가 어머니의 뱃속에서 만들어질 때 이미 간섭하시고 오장육
   부와 몸을 조직하셨습니다. 그것은 내가 이미 하나님의 계획 속에서 창조
   되었음을 말합니다. 그렇다면 나는 나 자신에 대해서 어떻게 보아야 합니
   까?

말씀 Tip

"네 마음을 다하며 목숨을 다하며 힘을 다하며 뜻을 다하여 주 너의 하
나님을 사랑하고 또한 네 이웃을 네 자신같이 사랑하라 하였나이다"(눅
10:27)

"자기 아들을 아끼지 아니하시고 우리 모든 사람을 위하여 내주신 이가
어찌 그 아들과 함께 모든 것을 우리에게 주시지 아니하겠느냐"(롬 8:32)

"그러나 내 어머니의 태로부터 나를 택정하시고 그의 은혜로 나를 부르신
이가"(갈 1:15)

 삶에 실행하기

1. 하나님이 나를 귀하게 보시고 사랑하시는 데 비해 나는 나 자신을 얼마
   나 사랑하고 귀하게 보고 있습니까? 혹시 자기 스스로를 가치 절하한 적
   은 없는지 말해 보십시오.

실천을 위한 Tip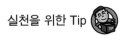

위 찬송은 그리스도인이 많이 사랑하는 찬송입니다.
한주간 동안 위 찬송을 암송하여 부르면서 자신을 생각해 보십시오.

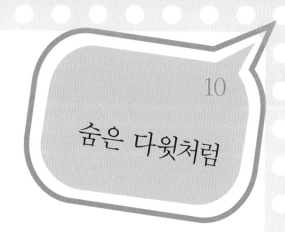

10

숨은 다윗처럼

마음열기

1. 사람들은 다른 사람에게 인정받기 위해 다음과 같은 노력을 합니다. 나름
   대로 우선순위를 매겨 보십시오.

   외모(   )   공부(   )   인기(   )   물질(   )

   춤(   )   노래(   )   운동(   )   친구(   )

2. 사람들에게 내가 가장 인정받고 싶은 부분은 무엇입니까?

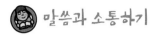 **말씀과 소통하기**

•사무엘상 16:1-13을 읽으세요.

1 여호와께서 사무엘에게 이르시되 내가 이미 사울을 버려 이스라엘
왕이 되지 못하게 하였거늘 네가 그를 위하여 언제까지 슬퍼하겠느
냐 너는 뿔에 기름을 채워 가지고 가라 내가 너를 베들레헴 사람 이
새에게로 보내리니 이는 내가 그의 아들 중에서 한 왕을 보았느니라
하시는지라

2 사무엘이 이르되 내가 어찌 갈 수 있으리이까 사울이 들으면 나를
죽이리이다 하니 여호와께서 이르시되 너는 암송아지를 끌고 가서
말하기를 내가 여호와께 제사를 드리러 왔다 하고

3 이새를 제사에 청하라 내가 네게 행할 일을 가르치리니 내가 네게
알게 하는 자에게 나를 위하여 기름을 부을지니라

4 사무엘이 여호와의 말씀대로 행하여 베들레헴에 이르매 성읍 장로
들이 떨며 그를 영접하여 이르되 평강을 위하여 오시나이까

5 이르되 평강을 위함이니라 내가 여호와께 제사하러 왔으니 스스로
성결하게 하고 와서 나와 함께 제사하자 하고 이새와 그의 아들들을
성결하게 하고 제사에 청하니라

6 그들이 오매 사무엘이 엘리압을 보고 마음에 이르기를 여호와의 기
름 부으실 자가 과연 주님 앞에 있도다 하였더니

7 여호와께서 사무엘에게 이르시되 그의 용모와 키를 보지 말라 내가
이미 그를 버렸노라 내가 보는 것은 사람과 같지 아니하니 사람은
외모를 보거니와 나 여호와는 중심을 보느니라 하시더라

8 이새가 아비나답을 불러 사무엘 앞을 지나가게 하매 사무엘이 이르
되 이도 여호와께서 택하지 아니하셨느니라 하니

9 이새가 삼마로 지나게 하매 사무엘이 이르되 이도 여호와께서 택하
지 아니하셨느니라 하니라

10 이새가 그의 아들 일곱을 다 사무엘 앞으로 지나가게 하나 사무엘이
이새에게 이르되 여호와께서 이들을 택하지 아니하셨느니라 하고

11 또 사무엘이 이새에게 이르되 네 아들들이 다 여기 있느냐 이새가 이르되 아직 막내가 남았는데 그는 양을 지키나이다 사무엘이 이새에게 이르되 사람을 보내어 그를 데려오라 그가 여기 오기까지는 우리가 식사 자리에 앉지 아니하겠노라

12 이에 사람을 보내어 그를 데려 오매 그의 빛이 붉고 눈이 빼어나고 얼굴이 아름답더라 여호와께서 이르시되 이가 그니 일어나 기름을 부으라 하시는지라

13 사무엘이 기름 뿔병을 가져다가 그의 형제 중에서 그에게 부었더니 이 날 이후로 다윗이 여호와의 영에게 크게 감동되니라 사무엘이 떠나서 라마로 가니라

1. 사무엘은 이새의 일곱 명의 아들들을 모아 놓고 하나님이 선택한 왕이 누구인지를 심사했는데 이때 사무엘의 마음에 든 아들은 누구였습니까?(6)

2. 사무엘은 마음으로 생각한 일로 하나님께 책망을 들었는데 그 내용은 무엇입니까?(7)

3. 결국 일곱 명의 아들을 모두 보았지만 하나님의 뜻은 무엇이었습니까?
(8-10)

4. 아버지가 무시한 숨겨진 아들 다윗을 하나님은 어떻게 했습니까?(11-13)

•POINT•

누가 나를 평가하는가가 중요합니다. 문제 있는 사람이 나를 평가하는 것은 문제가
되지 않습니다. 사탄이 나를 평가하는 소리에 귀를 기울이면 안 됩니다. 하나님이 나
를 어떻게 보시는가에 관심을 갖고 하나님 앞에서 인정받고 사는 것이 지혜로운 삶
입니다.

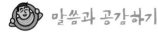 말씀과 공감하기

1. 사울의 뒤를 이어서 이스라엘 왕이 될 사람으로 하나님은 가장 어린 다윗
   을 지목했습니다. 그러나 아버지 이새는 다윗을 왕의 선택 과정조차도 제
   외시키고 참여하게 하지 않았습니다. 그 이유는 무엇이라고 생각합니까?
   이때 다윗의 마음은 어떠했을지 말해 보십시오.

 말씀 Tip

"다윗을 왕으로 세우시고 증언하여 이르시되 내가 이새의 아들 다윗을 만
나니 내 마음에 맞는 사람이라 내 뜻을 다 이루리라 하시더니"(행 13:22)

"사람들이 너를 낮추거든 너는 교만했노라고 말하라 하나님은 겸손한 자
를 구원하시리라"(욥 22:29)

 삶에 실행하기

1. 나도 다윗처럼 하나님의 마음에 합한 사람이 되려면 평소에 하나님과 관계를 긴밀히 가지면서 하나님을 통하여 자아가 형성되어야 합니다. 이것을 위해 내가 매일 시간을 내며 노력하고 훈련해야 하는 일은 무엇입니까?

실천을 위한 Tip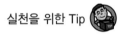

건전한 자아 형성을 방해하는 요인들 점검하기

• 외모에 대해 지나친 관심을 갖는다. (   )

• 다른 사람과 늘 비교한다. (   )

• 하나님의 평가보다는 사람의 평가에 더 우선을 둔다. (   )

• 환경과 조건을 탓한다. (   )

• 눈앞의 현실만 바라보고 불평한다. (   )